THIS NOTEBOOK
—— BELONGS TO ——

NOTEBOOK

NOTEBOOK

NOTEBOOK

NOTEBOOK

NOTEBOOK

NOTEBOOK

NOTEBOOK

NOTEBOOK

NOTEBOOK

NOTEBOOK

NOTEBOOK

NOTEBOOK

NOTEBOOK

NOTEBOOK

NOTEBOOK

NOTEBOOK

NOTEBOOK

NOTEBOOK

NOTEBOOK

NOTEBOOK

NOTEBOOK

NOTEBOOK

NOTEBOOK

NOTEBOOK

NOTEBOOK

NOTEBOOK

NOTEBOOK

NOTEBOOK

NOTEBOOK

NOTEBOOK

NOTEBOOK

NOTEBOOK

NOTEBOOK

NOTEBOOK

NOTEBOOK

NOTEBOOK

NOTEBOOK

NOTEBOOK

NOTEBOOK

NOTEBOOK

NOTEBOOK

NOTEBOOK

NOTEBOOK

NOTEBOOK

NOTEBOOK

NOTEBOOK

NOTEBOOK

NOTEBOOK

NOTEBOOK

NOTEBOOK

NOTEBOOK

NOTEBOOK

NOTEBOOK

NOTEBOOK

NOTEBOOK

NOTEBOOK

NOTEBOOK

NOTEBOOK

NOTEBOOK

NOTEBOOK

NOTEBOOK

NOTEBOOK

NOTEBOOK

NOTEBOOK

NOTEBOOK

NOTEBOOK

NOTEBOOK

NOTEBOOK

NOTEBOOK

NOTEBOOK

NOTEBOOK

NOTEBOOK

NOTEBOOK

NOTEBOOK

NOTEBOOK

NOTEBOOK